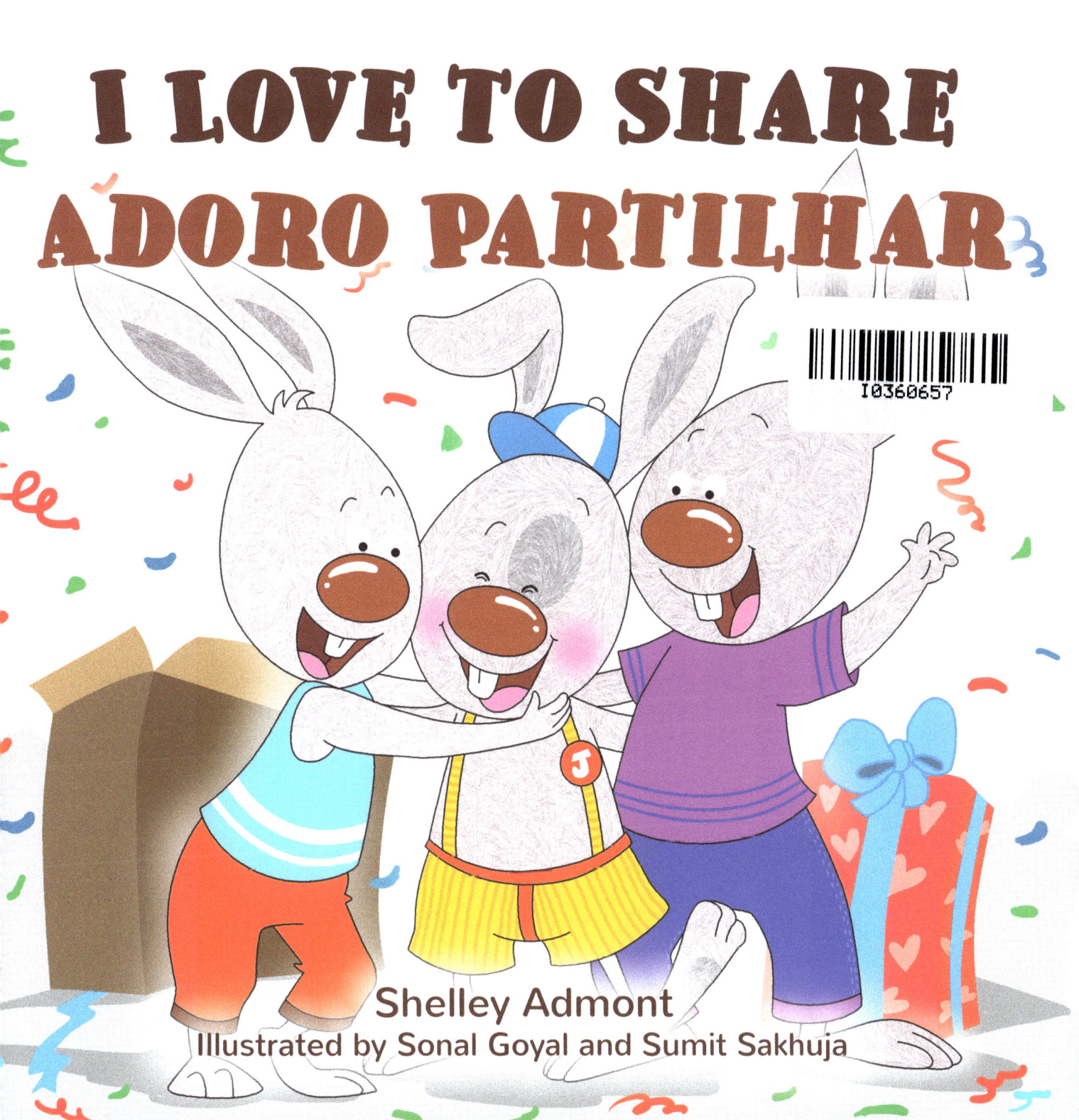

www.kidkiddos.com
Copyright ©2019 by KidKiddos Books Ltd.
support@kidkiddos.com

All rights reserved. No part of this book may be reproduced in any form or by any electronic or mechanical means, including information storage and retrieval systems, without written permission from the publisher, except in the case of a reviewer, who may quote brief passages embodied in critical articles or in a review.
First edition, 2019

Translated from English by Margarida Madeira
Traduzido do Inglês por Margarida Madeira
Portuguese editing by Andreia Reis
Edição em português por Andreia Reis

Library and Archives Canada Cataloguing in Publication
I Love to Share (English Portuguese Portugal Bilingual Edition)/ Shelley Admont
ISBN: 978-1-5259-1915-2 paperback
ISBN: 978-1-5259-1916-9 hardcover
ISBN: 978-1-5259-1914-5 eBook

Please note that the Portuguese and English versions of the story have been written to be as close as possible. However, in some cases they differ in order to accommodate nuances and fluidity of each language.

For those I love the most-S.A.
Para os que Mais Amo-S.A.

"Look at how many new toys I have," said Jimmy the little bunny, looking around the room.
- Olha para a quantidade de brinquedos novos que eu tenho – disse Jimmy, o pequeno coelhinho, olhando ao redor da sala.

His birthday party was over and the room was full of presents.
A sua festa de aniversario tinha terminado e o quarto estava cheio de
presentes.

"Oh, your birthday party was so fun, Jimmy," his middle brother said.
- Ah, a tua festa de aniversário foi tão divertida, Jimmy – disse o seu irmão do meio.

"Let's play," said his oldest brother. He took the largest box. "There's a huge train inside!"
- Vamos brincar – disse o seu irmão mais velho. Ele pegou na caixa maior.
– Há um comboio gigante aqui dentro!

Suddenly, Jimmy jumped to his feet and grabbed the box.
"Don't touch it! It's my train!" he cried. "All these presents are MINE!"
De repente, o Jimmy pulou, pôs-se de pé e agarrou a caixa. – Não toques! É o meu comboio! – chorou. – Todos estes presentes são MEUS!

"But, Jimmy," said the oldest brother, "we always play together.
What happened to you today?"
- Mas, Jimmy – disse o irmão mais velho – nós brincamos sempre juntos. O que aconteceu contigo hoje?

"Today is MY birthday. And these are MY toys," Jimmy screamed.
- Hoje é o MEU aniversário. E estes são os MEUS brinquedos – gritou o Jimmy.

"We better go play basketball," said the oldest brother. He glanced out the window. "It's nice and sunny today."

- É melhor irmos jogar basquetebol – disse o irmão mais velho. Olhou de relance pela janela. – Hoje está um dia bonito e solarengo.

The two bunny brothers took a ball and went outside. Jimmy stayed in the room on his own.
Os dois irmãos coelhinhos pegaram numa bola e foram lá para fora. O Jimmy ficou sozinho no seu quarto.

"Yeah!" he exclaimed. "Now all the toys are for me! I can do whatever I want! "
- Boa! – Exclamou. – Agora todos os brinquedos são para mim! Posso fazer aquilo que eu quiser!

He took a large box and opened it happily. Inside he found a rail trail and a new colorful train. He just needed to put the rail trail together.
Pegou numa caixa grande e abriu-a alegremente. Dentro, encontrou um caminho-de-ferro e um comboio novo e colorido. Apenas precisava de montar o caminho-de-ferro.

"Oh, these pieces are too small!" he said, holding the rail trail parts. "How should I connect them together?"

- Oh, estas peças são demasiado pequenas! – Disse ele, segurando os pedaços do caminho-de-ferro. – Como devo juntá-las?

Somehow he built the rail line, but it came out crooked. When he finally turned on his new colorful train, it got stuck on the track.

De alguma maneira, ele construiu a linha do comboio, mas ficou torta. Quando finalmente ligou o seu novo comboio colorido, este ficou preso na pista.

Jimmy looked around and spotted another box.

O Jimmy olhou em volta e viu uma outra caixa.

"No worries. I have more new toys," he said and took another present. Inside there were superhero toys.
- *Não há problema. Tenho mais brinquedos novos. – Disse ele, e pegou noutro presente. Dentro, estavam super-heróis de brincar.*

"Wow!" exclaimed Jimmy. He started to run around the room with new superhero toys in his hands.
- *Uau! – Exclamou o Jimmy. Começou a correr pelo quarto com os novos super-heróis de brincar nas mãos.*

Soon he became tired and bored. He tried everything. He played with his favorite teddy bear and he even opened all his presents, but it was not fun at all.
Depressa ele ficou cansado e aborrecido. Experimentou tudo. Brincou com o seu ursinho de peluche favorito e abriu mais presentes, mas não foi nada divertido.

Jimmy watched through the window and saw his brothers playing cheerfully with their basketball. The sun was shining brightly, and they were laughing and enjoying themselves.

O Jimmy olhou pela janela e viu os seus irmãos a brincarem alegremente com a sua bola de basquete. O sol brilhava vivamente, e eles estavam a rir e a divertirem-se.

"How are they having so much fun? They only have one basketball!" said Jimmy. "All the other toys are here with me."

- Como é que eles estão a se divertir tanto? Eles só têm uma bola de basquete. – Disse o Jimmy. – Todos os outros brinquedos estão aqui comigo.

Then he heard a strange voice.
Foi então que ele ouviu uma voz estranha.

"They SHARE," it said.
- Eles PARTILHAM. – Disse a voz.

Jimmy looked around the room, staring at his bed where his teddy bear sat. The voice came from there. "What?" he whispered.

O Jimmy olhou em redor do quarto, olhando fixamente para a sua cama onde estava o seu ursinho de peluche. A voz vinha daí. - O quê?
– Sussurrou.

"They share," repeated his teddy bear with a smile.

- Eles partilham. – Repetiu o ursinho de peluche, com um sorriso.

Jimmy looked at him amazed. He never thought that sharing could be fun.

O Jimmy olhou para ele espantado. Ele nunca pensou que partilhar podia ser divertido.

He shook his head. "No...I don't like to share. I love my toys."

Ele abanou a cabeça. – Não... Eu não gosto de partilhar. Eu adoro os meus brinquedos.

"Try it," insisted his teddy bear.
"Just try it."
- Experimenta. – Insistiu o ursinho de peluche.
– Apenas experimenta.

Meanwhile the weather changed. Dark clouds covered the sky and large raindrops started falling to the ground.
Entretanto, o tempo mudou. Nuvens escuras cobriram o céu e grandes gotas de chuva começaram a cair no chão.

Laughing, the two bunny brothers ran into the house.
A rir, os dois irmãos coelhinhos correram para dentro de casa.

"Oh, you're all wet," said Mom. "Go change your clothes and I'll make you hot chocolate."
- Ah, estão todos molhados. – Disse a Mãe. – Vão mudar de roupa e eu faço-vos um chocolate quente.

"Come, Jimmy, do you want hot chocolate too?" she asked. Jimmy nodded.
- Anda, Jimmy, também queres um chocolate quente? – Perguntou.
O Jimmy acenou.

Mom opened the fridge to grab the milk. "Look, there's a small piece of your birthday cake left."
A Mãe abriu o frigorífico para tirar o leite. – Olha, sobrou um pedacinho do teu bolo de aniversário.

Jimmy jumped to his feet. "Yeah, can I have it? It was so tasty!"
O Jimmy pulou e pôs-se de pé. – Sim, posso comê-lo? Estava tão saboroso!

At that moment, his brothers entered the kitchen.
Nesse momento, os seus irmãos entraram na cozinha.

"Did you say cake?" asked the middle brother.
- Falaste em bolo? – Perguntou o irmão do meio.

"I'd like a piece," added the oldest brother.
- Eu queria uma fatia. – Acrescentou o irmão mais velho.

Their father followed them. "Is this a...birthday cake?"
O pai seguiu-os. – Isto é um... bolo de aniversário?

Mom smiled softly. "Ahh...there is actually a tiny little piece left. And there are five of us."
A Mãe sorriu suavemente. – Ah... Na verdade, sobra uma fatia pequenina.
E nós somos cinco.

Jimmy looked at his loving family and felt a warm feeling spread from his heart. He knew what he needed to do and it felt so good.
O Jimmy olhou para a sua amorosa família e teve uma sensação calorosa a espalhar-se no seu coração. Ele sabia o que tinha a fazer e isso soube-lhe tão bem.

"We can share," he said. "Let's cut it into five pieces."
- Podemos partilhar. – Disse ele. – Vamos cortá-la em cinco pedaços.

All the members of the bunny family nodded their heads. Then they sat around the table and everyone enjoyed a piece of birthday cake and a hot chocolate.
Todos os membros da família de coelhinhos acenaram com a cabeça. Depois, sentaram-se à volta da mesa e toda a gente disfrutou de um pedaço de bolo de aniversário e de um chocolate quente.

Jimmy glanced at their smiling faces and thought, Sharing can actually feel very nice after all.
O Jimmy olhou de relance para as caras sorridentes e pensou: Afinal de contas, partilhar pode ser bom.

When they finished, Mom came to Jimmy and gave him a huge hug. "Happy birthday, honey," she said.
Quando terminaram, a Mãe aproximou-se do Jimmy e deu-lhe um abraço enorme. – Feliz aniversário, querido. – Disse ela.

The two older brothers and their dad gathered around them and shared
the family hug.
Os dois irmãos mais velhos e o seu pai juntaram-se e partilharam um abraço em família.

"Happy birthday, Jimmy," they screamed together.
- Feliz aniversário, Jimmy! – Gritaram em conjunto.

Jimmy smiled. "Do you want to play with my toys?" he asked his brothers. "I have a new train and new superheroes."
O Jimmy sorriu. – Querem brincar com os meus brinquedos? – Perguntou aos seus irmãos. – Tenho um comboio e super-heróis novos.

"Yeah! Let's play!" shouted the bunny brothers.
- *Sim! Vamos brincar! – Gritaram os irmãos coelhinhos.*

Together Jimmy and his brothers built a perfect rail trail. The train whistled and ran fast around the track.
Juntos, o Jimmy e os seus irmãos, construíram um caminho-de-ferro perfeito. O comboio apitou e andou veloz à volta da pista.

Then they opened the presents and played with all their toys.
Depois, abriram o resto dos presentes e brincaram com todos os seus brinquedos.

From then on, Jimmy loved to share.
Daí em diante, o Jimmy passou a adorar partilhar.

He even said that sharing is fun.
Até disse que partilhar é divertido.

www.ingramcontent.com/pod-product-compliance
Lightning Source LLC
Chambersburg PA
CBHW040044100526
44584CB00033BA/4341